LES CHOSES REPOUSSANTES ET DÉGOÛTANTES

LES EMPLOIS REPOUSSANTS ET DÉGOÛTANTS

Un livre de la collection
Les branches de Crabtree

Julie K. Lundgren

Crabtree Publishing
crabtreebooks.com

Soutien de l'école à la maison pour les parents, les gardiens et les enseignants

Ce livre très intéressant est conçu pour motiver les élèves en difficulté d'apprentissage grâce à des sujets captivants, tout en améliorant leur fluidité, leur vocabulaire et leur intérêt pour la lecture. Voici quelques questions et activités pour aider le lecteur ou la lectrice à développer ses capacités de compréhension.

Avant la lecture

- *De quoi ce livre parle-t-il?*
- *Qu'est-ce que je sais sur ce sujet?*
- *Qu'est-ce que je veux apprendre sur ce sujet?*
- *Pourquoi je lis ce livre?*

Pendant la lecture

- *Je me demande pourquoi...*
- *Je suis curieux de savoir...*
- *En quoi est-ce semblable à quelque chose que je sais déjà?*
- *Qu'est-ce que j'ai appris jusqu'à présent?*

Après la lecture

- *Qu'est-ce que l'autrice veut m'apprendre?*
- *Nomme quelques détails.*
- *Comment les photographies et les légendes m'aident-elles à mieux comprendre?*
- *Lis le livre à nouveau et cherche les mots de vocabulaire.*
- *Ai-je d'autres questions?*

Activités complémentaires

- *Quelle est ta section préférée de ce livre? Rédige un paragraphe à ce sujet.*
- *Fais un dessin représentant l'information que tu as préférée dans ce livre.*

TABLE DES MATIÈRES

LA CHASSE À L'EMPLOI

Que veux-tu faire quand tu seras adulte? Les gens occupent toutes sortes d'emplois. Certains emplois exigent un peu de courage et un estomac solide.

Les ramasseurs d'appâts trouvent des sangsues et des vers de vase pour l'industrie de la pêche.

Offre d'emploi : renifleur professionnel

Les testeurs d'odeurs sentent les nouveaux produits. Quelqu'un doit renifler les aisselles pour savoir si le déodorant fonctionne!

Ouvre grand!

Ne demande jamais à un chat si un aliment a bon goût. Des goûteurs de nourriture pour animaux s'assurent que chaque nouveau produit sent et goûte bon.

Bien qu'elles soient difficiles, nous avons besoin de gens pour faire ces tâches importantes. Les emplois qui sont repoussants et dégoûtants pour une personne peuvent ne pas l'être pour la bonne personne. Tu pourrais même les trouver intéressants!

DU SANG, DES INTESTINS, DES MUSCLES ET DES OS

Nous faisons confiance aux médecins, aux infirmières et aux autres employés des hôpitaux pour prendre soin de nous quand quelque chose ne va pas. Les **chirurgiens** réparent les blessures des victimes d'accident. Leurs mains agiles replacent les morceaux ensemble comme un casse-tête.

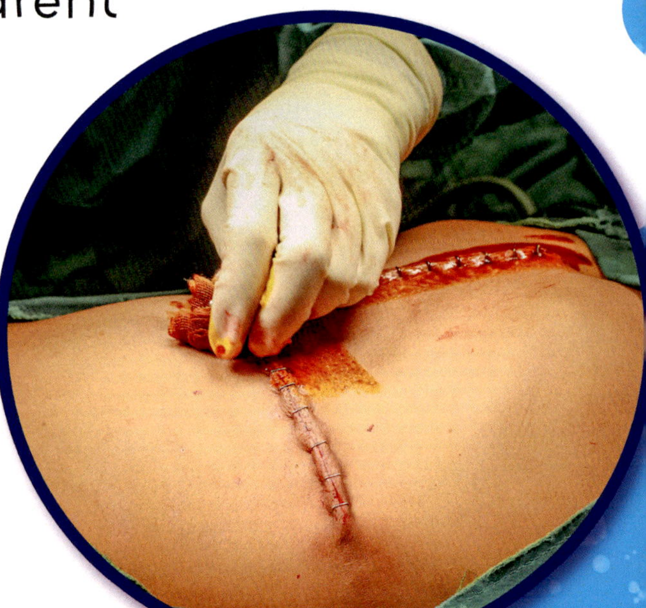

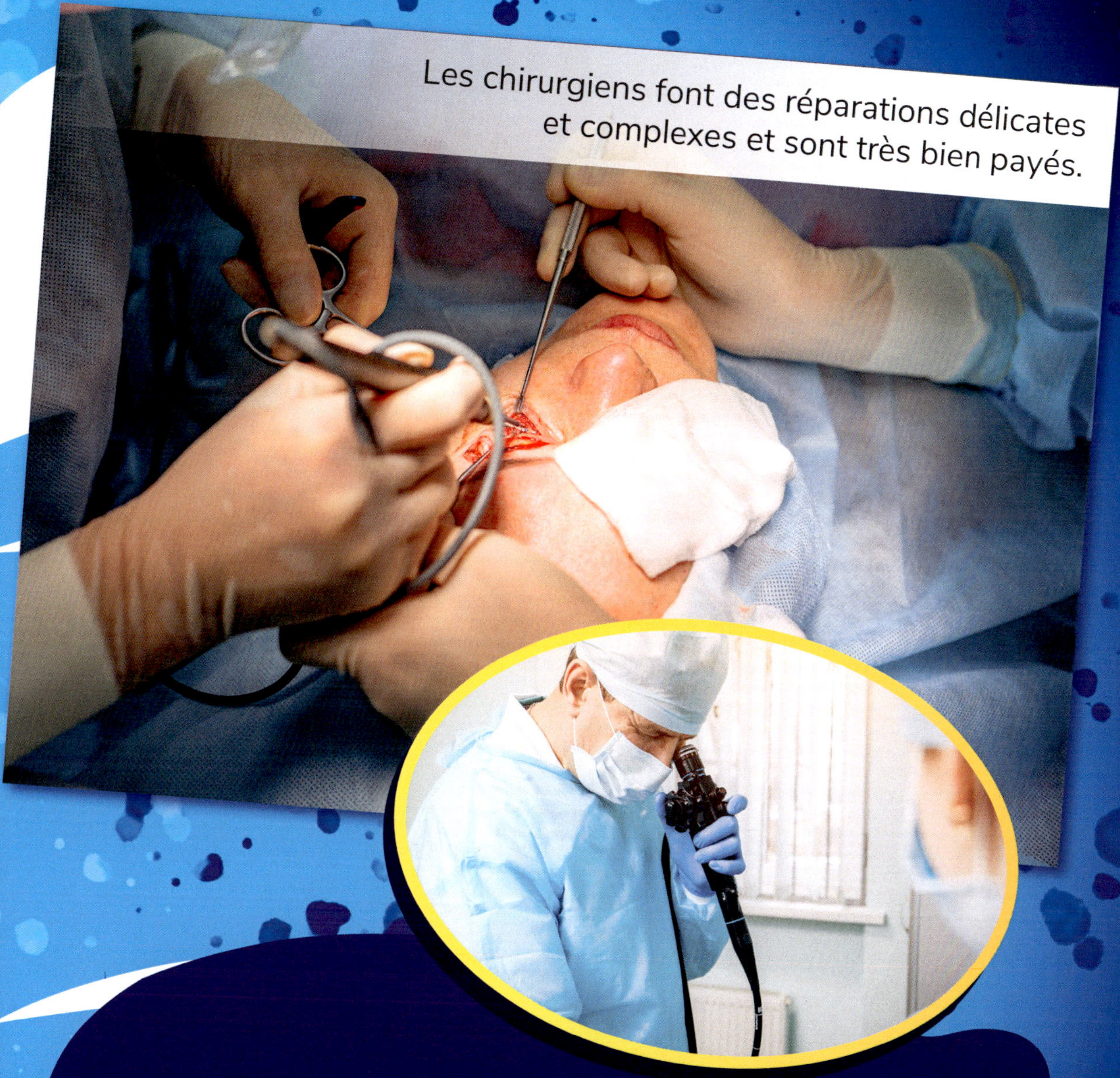

Les chirurgiens font des réparations délicates et complexes et sont très bien payés.

Des intestins et des fesses

Certains médecins travaillent seulement avec le système digestif. Les chirurgiens **colorectaux** enfilent leurs gants quand nous avons un problème avec notre derrière.

Les **plaies** doivent être nettoyées. Les infirmières soignent les plaies en nettoyant régulièrement le **pus** nauséabond, le sang et la peau morte jusqu'à ce que la plaie guérisse.

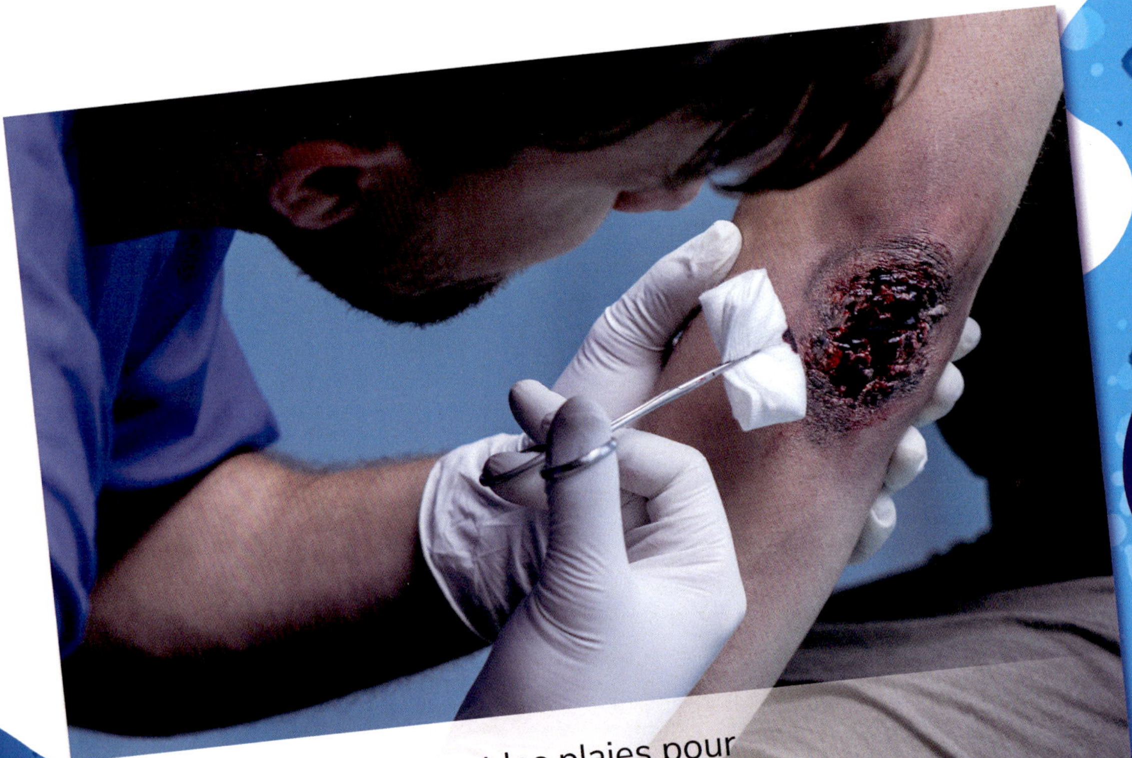

Les infirmières nettoient les plaies pour retirer les saletés, le sang et les germes.

Les déchets médicaux

Après une opération, des **techniciens en déchets cliniques** nettoient les restes, le sang et les gants et blouses utilisés.

Les corps morts se décomposent rapidement. Les **pathologistes judiciaires** sont des médecins pour les morts. Leur travail consiste à comprendre pourquoi une personne est morte en examinant son corps de fond en comble. Les **embaumeurs** lavent et préparent les corps pour l'enterrement.

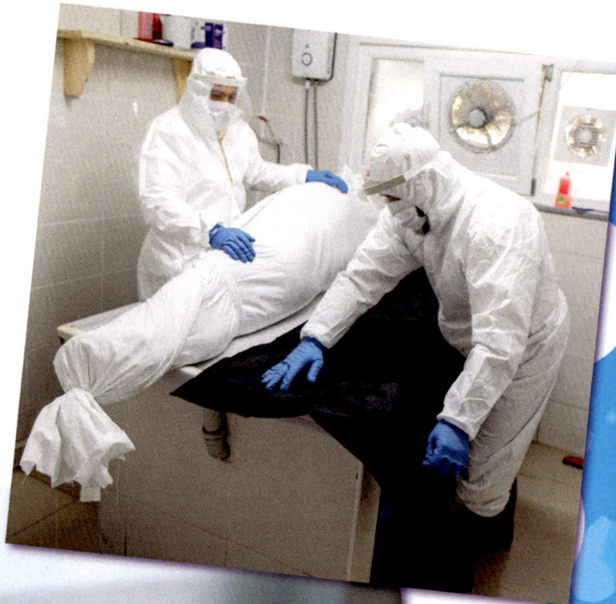

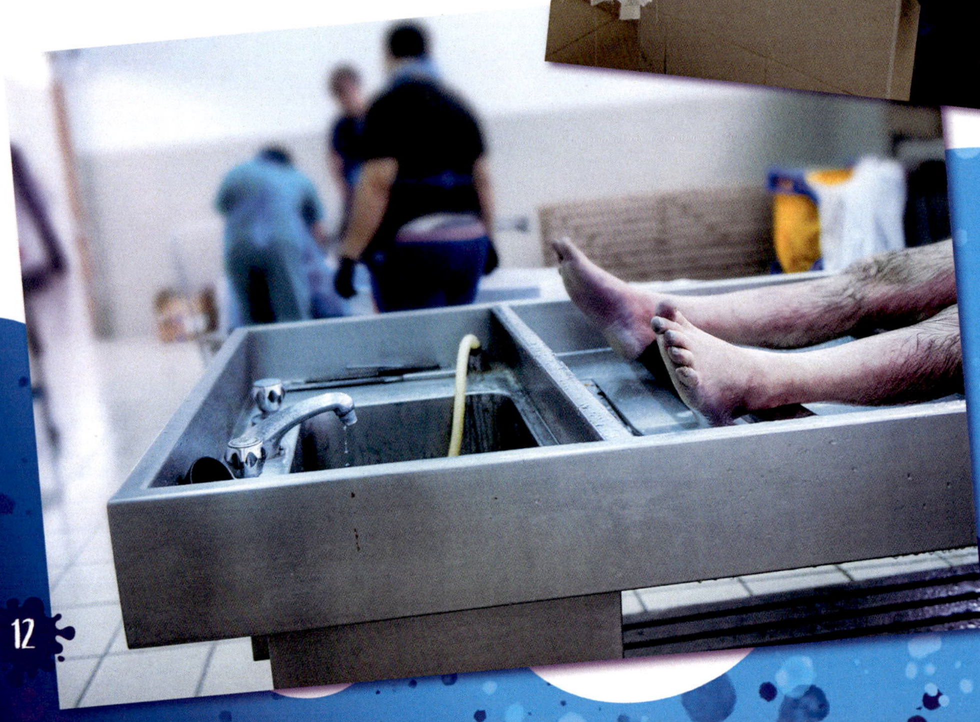

Pourrais-tu travailler la nuit dans une morgue?

Des momies!

En Égypte antique, les embaumeurs avaient des méthodes secrètes pour préserver le corps des personnes de la royauté et d'autres personnes importantes.

LA GESTION DES DÉGÂTS : EXCRÉMENTS, VOMISSURES ET DÉCHETS

Nous faisons des dégâts tous les jours. Qui nettoie? Les réseaux d'égout doivent être réparés. De la toilette à l'usine de traitement des eaux usées, les plombiers et les travailleurs dans les égouts assurent l'écoulement des **eaux d'égout.**

Les plongeurs de bassins d'eaux usées trouvent et réparent les problèmes puants.

Les travailleurs dans les égouts doivent porter une combinaison contre les **matières dangereuses**.

Les concierges gardent nos édifices propres et sécuritaires. Le vomi, l'urine, les vieilles gommes à mâcher et les saletés disparaissent grâce à eux. Les aspirateurs de liquides aspirent le vomi à la vitesse de l'éclair.

Les parcs d'attractions embauchent des ramasseurs de vomi pour les situations où des passagers sont malades.

Offre d'emploi : préposé au nettoyage de scènes de crime

Derrière le ruban jaune d'une scène de crime, les équipes de nettoyage nettoient le sang et autres déchets laissés lorsque les enquêteurs ont fini de rassembler les preuves et les indices.

Les poubelles sentent la décomposition. Les couches sales, la litière de chat utilisée, la nourriture pourrissante, la graisse et les autres déchets forment un mélange puant. Lorsque les camions ramassent tes poubelles, des travailleurs les trient pour les traiter.

Les employés retirent les déchets nocifs comme les piles.

Recycylage alimentaire

Certaines écoles et entreprises envoient les restes de nourriture aux éleveurs, qui les utilisent pour nourrir les cochons.

TRAVAILLER AVEC DES BESTIOLES

Est-ce que les insectes t'intéressent? Tu pourrais être un **entomologiste judiciaire.** Les mouches pondent des œufs dans les choses mortes, y compris dans les cadavres humains. Les entomologistes judiciaires estiment le moment du décès d'après l'âge des **larves** de mouche.

Les experts des insectes tiennent compte de l'effet de la température sur la croissance des larves.

Ceci est un test

Les entreprises qui développent des chasse-moustiques ont besoin de testeurs pour leurs produits. Applique du chasse-moustiques et découvre si les insectes te trouvent toujours savoureux!

Les exterminateurs se débarrassent des souris, des coquerelles, des araignées, des mille-pattes, des serpents et autres animaux nuisibles. Ils identifient, repèrent et détruisent les invités indésirables.

Des coquerelles dans la maison? Appelle un exterminateur!

Service de lutte contre les rongeurs

Service de lutte antiparasitaire pour la maison

Service de lutte antiparasitaire pour le jardin

J'AIMERAIS TRAVAILLER AVEC LES ANIMAUX

Tu aimes les animaux? Les techniciens en santé animale aident avec les procédures médicales sur les animaux. Pourrais-tu prélever des échantillons d'excréments, de pus, de cire d'oreille et de mites vivantes dans une oreille infestée?

Les techniciens en santé animale examinent des échantillons de crotte pour y trouver des parasites.

Offre d'emploi : examinateur de crotte

Les inspecteurs de fumier prélèvent et examinent des échantillons d'excréments d'animaux d'élevage. Ils s'assurent qu'ils ne contiennent pas de produits chimiques qui pourraient être néfastes pour les terres et l'eau environnantes.

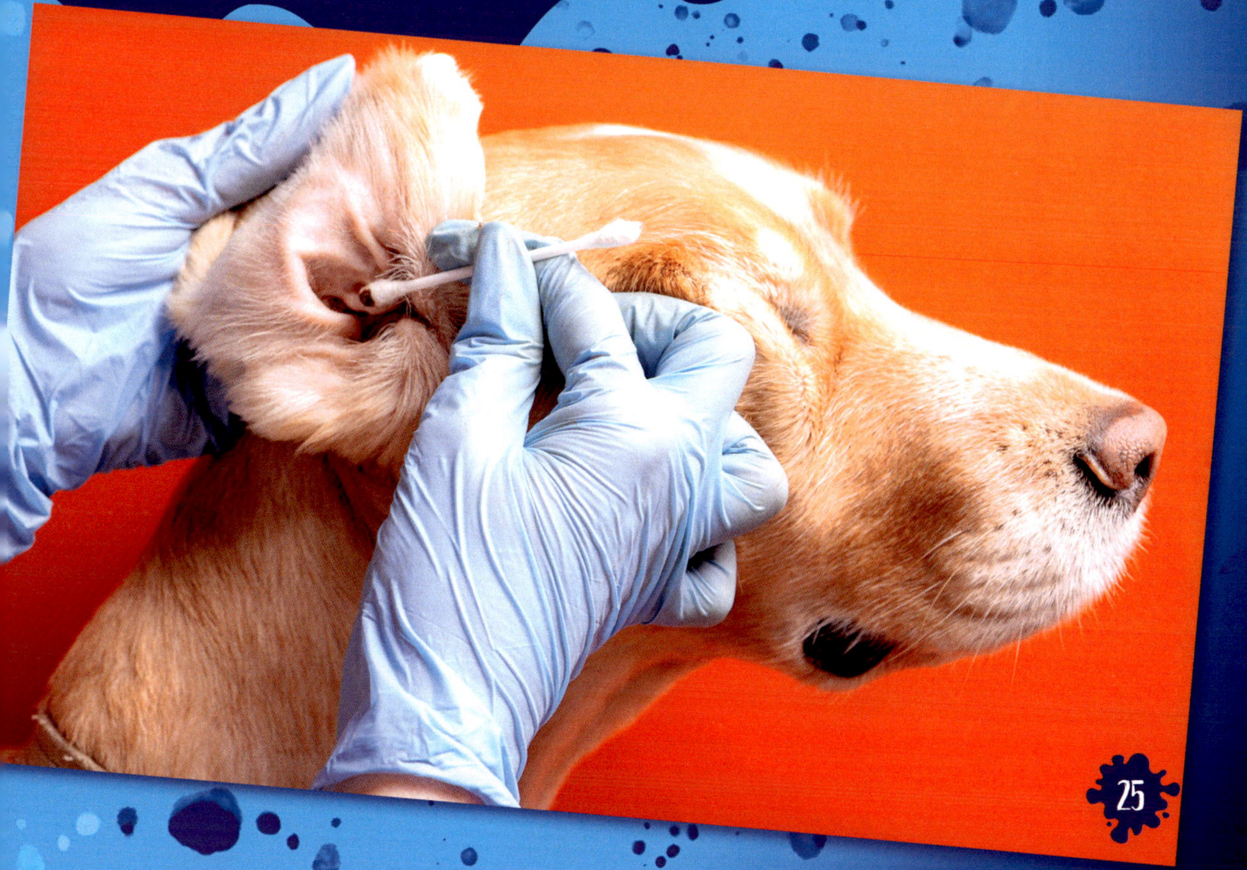

Dans les usines de transformation alimentaire, les animaux d'élevage deviennent des aliments. Les travailleurs coupent et emballent la viande et les autres parties. Ils gardent l'équipement, les planchers et les murs propres. Des sabots aux cornes, tout est utilisé.

Les transformateurs de viande portent de l'équipement de protection.

Offre d'emploi : ramasseur de crottes

Les jardiniers accordent une grande valeur au **guano** pour aider les plantes à croître. Dans les cavernes, les ramasseurs pellettent le guano vers un aspirateur qui l'aspire dans un réservoir à la surface.

Les chercheurs des musées de la nature peuvent ramasser les animaux tués sur la route pour noter la date, le lieu, le type d'animal, sa taille et le contenu de son estomac. Ces renseignements aident les chercheurs à comprendre mieux les animaux, où ils vivent et ce qu'ils mangent.

Les travailleurs des musées peuvent empailler des peaux pour en faire des représentations réalistes.

Repoussant et dégoûtant, ou fascinant? Les emplois difficiles comme ceux-ci offrent un travail significatif à de nombreuses personnes.

GLOSSAIRE

chirurgiens (chi-rur-ji-in) : Des médecins hautement qualifiés qui réalisent des opérations difficiles

colorectaux (ko-lo-rek-to) : Qui concerne la partie inférieure du système digestif

eaux d'égout (o dé-gou) : Eau sale contenant des déchets corporels humains, notamment des excréments et de l'urine

embaumeurs (an-bo-meur) : Des gens qui préservent et préparent les corps pour leur enterrement

entomologiste judiciaire (an-to-mo-lo-jist ju-di-ssière) : Un scientifique des insectes qui se spécialise dans la détermination de l'heure du décès en examinant le développement des insectes dans les cadavres

guano (gou-a-no) : Crottes de chauve-souris

larves (larv) : Chez les insectes, le stade de développement entre l'œuf et l'adulte

matières dangereuses (ma-tièr dan-je-reuz) : Substances qui présentent des risques

pathologistes judiciaires (pa-to-lo-jist ju-di-ssière) : Médecins qui travaillent pour découvrir pourquoi une personne est morte

plaies (plè) : Coupures ouvertes, déchirures et égratignures sur le corps

pus (pu) : Fluide épais et malodorant qui s'écoule des plaies infectées

techniciens (tek-ni-ssi-in) : Des gens qualifiés qui effectuent du travail pratique ou qui résolvent des problèmes de tous les jours

INDEX

SITES WEB À CONSULTER

www.batcon.org/article/guano-bats-gift-to-gardeners

www.knowitall.org/series/kids-work

https://careerkids.com/pages/career-research

À PROPOS DE L'AUTRICE

Julie K. Lundgren

Julie K. Lundgren a grandi sur la rive nord du lac Supérieur, un endroit qui regorge de bois, d'eau et d'aventures. Elle adore les abeilles, les libellules, les vieux arbres et la science. Elle a une place spéciale dans son cœur pour les animaux dégoûtants et intéressants. Ses intérêts l'ont menée vers un diplôme en biologie et une curiosité sans bornes pour les lieux sauvages.

Crabtree Publishing

crabtreebooks.com 800-387-7650

Au Canada : Nous reconnaissons l'appui financier du gouvernement du Canada par l'entremise du Fonds du livre du Canada pour nos activités de publication.

Catalogage avant publication de Bibliothèque et Archives Canada

Titre: Les emplois repoussants et dégoûtants / Julie K. Lundgren.
Autres titres: Gross and disgusting jobs. Français.
Noms: Lundgren, Julie K., auteur.
Description: Mention de collection: Les choses repoussantes et dégoûtantes | Les branches de Crabtree | Traduction de : Gross and disgusting jobs. | Traduction : Annie Evearts. | Comprend un index.
Identifiants: Canadiana (livre imprimé) 2021035920X | Canadiana (livre numérique) 20210359277 | ISBN 9781039603172 (couverture souple) | ISBN 9781039603233 (HTML) | ISBN 9781039603295 (EPUB)
Vedettes-matière: RVM: Professions—Ouvrages pour la jeunesse. | RVM: Professions—Miscellanées—Ouvrages pour la jeunesse. | RVM: Descriptions d'emploi—Ouvrages pour la jeunesse. | RVM: Descriptions d'emploi—Miscellanées—Ouvrages pour la jeunesse. | RVMGF: Documents pour la jeunesse.
Classification: LCC HF5381.2 .L8614 2022 | CDD j331.702—dc23

Imprimé au Canada/022024/CP20240215

Publié au Canada
Crabtree Publishing
616 Welland Ave.
St. Catharines, Ontario
L2M 5V6

Publié aux États-Unis
Crabtree Publishing
347 Fifth Avenue
Suite 1402-145
New York, NY, 10016

Paperback	978-1-0396-0317-2
Ebook (pdf)	978-1-0396-0323-3
Epub	978-1-0396-0329-5
Read-along	978-1-0398-0374-9
Audio book	978-1-0396-6698-6

Production : Blue Door Education pour Crabtree Publishing
Autrice : Julie K. Lundgren
Conception : Jennifer Dydyk
Révision : Tracy Nelson Maurer
Correctrice : Crystal Sikkens
Traduction : Annie Evearts

Éclaboussure (sur la couverture et dans le livre) © SpicyTruffel p. 4 (haut) © NahomaLand, (bas) © Cloud Yew, p. 5 (femme) © Olena Zaskochenko, (homme) © DWaschnig, p. 6 (bol de nourriture) © Konstantin Faraktinov, (scientifique) © Andrew Rybalko, (chat avec les phylactères © KAMONRAT, p. 7 © SatawatK, p. 8 © Chaikom, p. 9 (haut) © Gerain0812, (bas) © Roman Zaiets, p. 10 © Photographee.eu, p. 11 (haut) © Tong_stocker, (bas) © MAGNIFIER, p. 12 (haut) © Huseyin Aldemir, (bas) © Giannis Papanikos, p. 13 (haut) © Cavan-Images, (bas) © Andrea Izzotti, p. 15 © Vladimir Mulder, p. 16 © Robie Online, p. 17 (haut) © Tomacco, (illustration du bas) © chanwity, (ruban de scène de crime) © Mega Pixel, p. 18 (travailleurs) © Photick, (déchets) © DeawSS, p. 19 (haut) © riedjal, (bas) © MagicBones, p. 20 (larves) © Astrid Gast, (thermomètre) © meaculpa_1, p. 21 (haut) © Kwangmoozaa, (bas) © StockMediaSeller, p. 22 (exterminateur) © Elnur, (coquerelles) © TIGER KINGDOM, (coquerelles sur le dos) © Rattiya Thongdumhyu, p. 23 (illustration) © Visual Generation, (rat) © torook, p. 24 © Adao, p. 25 (haut) © Fat Jackey, (bas) © Igor Chus, p. 26 © (haut) © vodograj, (bas) © TRphotomaker, p. 27 (haut) © Stephen Bonk, (chauve-souris) © Teguh Mujiono, (bas) © sasimoto, p. 28 (haut) © NTL Photography, (bas) © Nussar, p. 29 © Brothers Art. Toutes les images proviennent de Shutterstock.com sauf la couverture © Photovs | Dreamstime.com, p. 14 (plongeur) courtoisie de la U.S. Coastgard